Supplement

ふなっしー特製 マグネット6個

キリトリ線

キリトリ線

※切り取り線に沿ってページをハサミ等で切り離してから、マグネットを取り出してください。はがしたあとのテープが隣のページに貼りついてしまう可能性があります。
※マグネットをはがした際のページの破れによる本誌の交換はいたしかねます。ご了承ください。

それゆけ! ふなっしー

ふなっしー 著

宝島社

それゆけ！
ふなっしー

Contents

ヒャッハーと雄叫びをあげて
日本の景気を回復するなっしー！
ふなっしーは、2000年に一度だけ現れる
奇跡の梨の妖精なっしー。
落書きがそのまま飛び出したような
雑でゆるい顔が特徴なっしー。
梨神さまの指令により、景気回復と
船橋名産の梨をPRするために、
地上に舞い降りたなっしー。
全国のみなさんをたくさん笑顔にしたいなっしー。
みんなを楽しませるために、
妖精界からやってきたなっしー！
ふなっしーのいる船橋は住みやすくて、
おいしい梨もとれて、最高の街なっしー。
みんなにも来てほしいなっしな！

ふなっしー
ヒャッハー！
2014.1.1

HYAHHAAAAA!!!!

Funassy's Profile

ふなっしーのこと 教えてあげるなっしー！

ふなっしーの本名を教えて！

フナディウス4世

得意技は何？

全身から梨の果汁を
吹き出すことなっしー！
梨汁ぶっしゃー ;:;:;:*+

生まれたところは？

千葉県船橋市。
ちなみに両親は
普通の梨の木なっしー

好きな食べ物は？

桃、洋梨、だんごむし

性格は？

口が悪くて虚言癖
があるけど、案外
素直なっしー

誕生日はいつ？

138年7月4日

特徴を教えて！

身長 90cm
体重 35kg（梨7個分）
性別はなしなっしー

nashijiru bushaaaa!!!

Chapter 01

Funassyi posing Catalog

ふなっしーのポージング集なっしー！

変幻自在なふなっしーのポージングを一挙公開！
写真を見ながらデッサンするのも良し、ポージングをまねっこするのも良し。
これであなたもふなっしーに近づけるかも！？

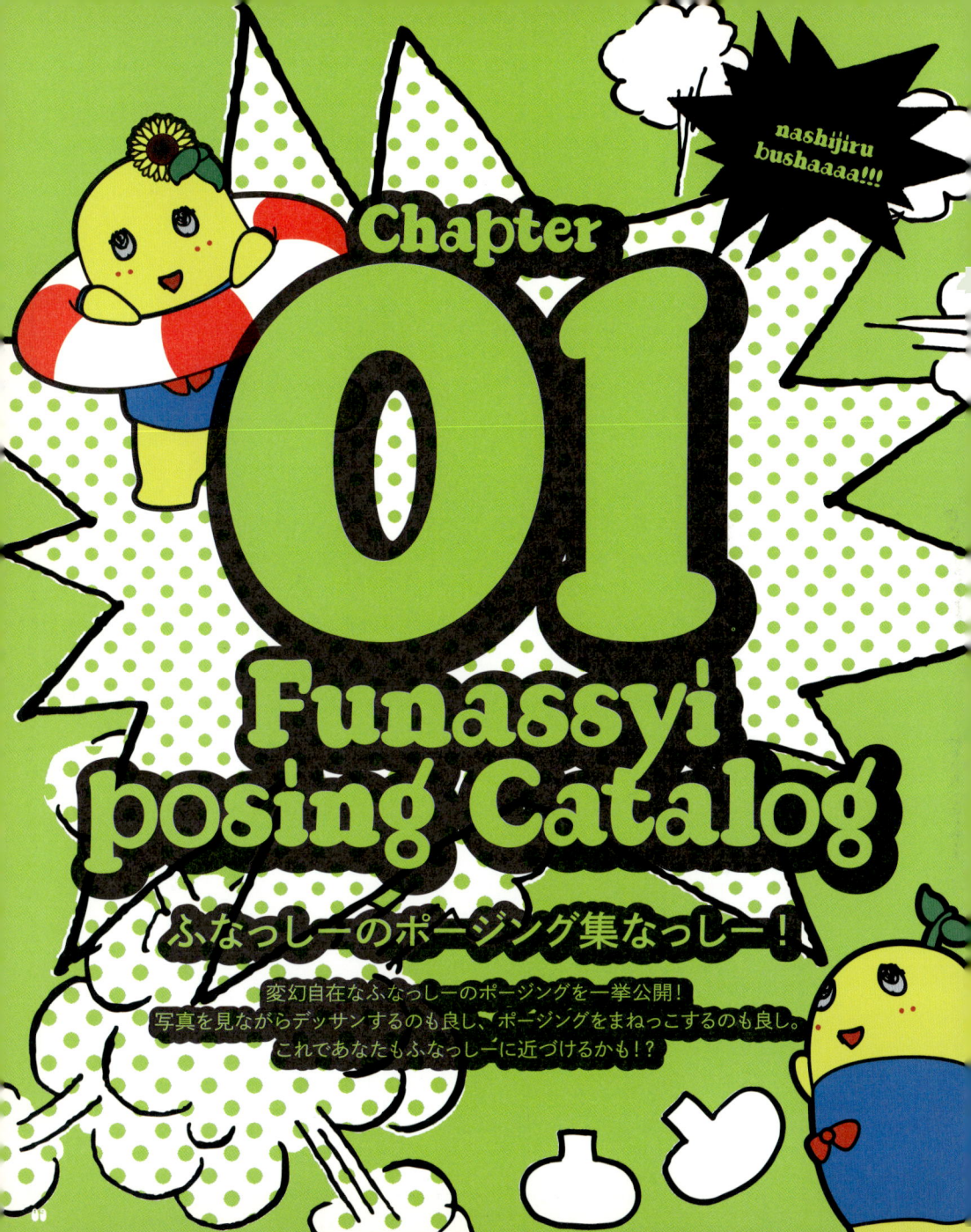

ノーマルふなっしー

シャキーーーンヾ（。゜▽゜）ノ

はっけよいふなった

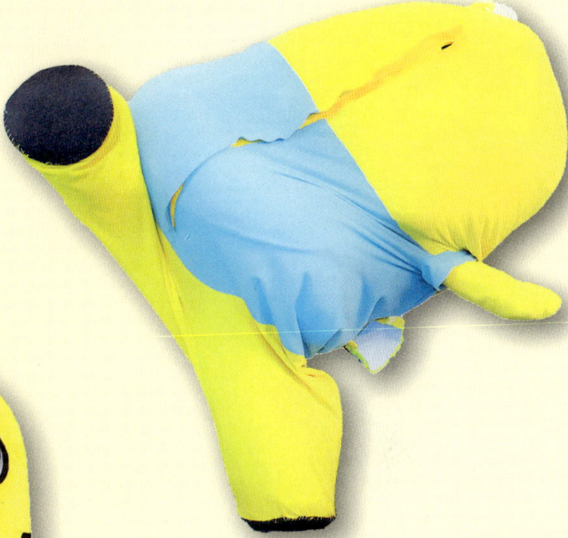

梨汁キーーーック

サイド・オブ・ふなっしー

おもてなっしー

ふな ふな ふなっしー♪

ダンシングふなっしー

見返り美梨《びなし》

死んだふりのポーズ

寝返りのポーズ

おねだりのポーズ

Funassyi posing Catalog

マンボウのポーズ

マンボウのポーズ
スペシャル

飛べない梨はただの梨なっしー

激おこスペシャル超脚力ジャーンプ

波のポーズ

生まれたての小鹿
のポーズ

空気椅子
のポーズ

黄昏《たそがれ》のポーズ

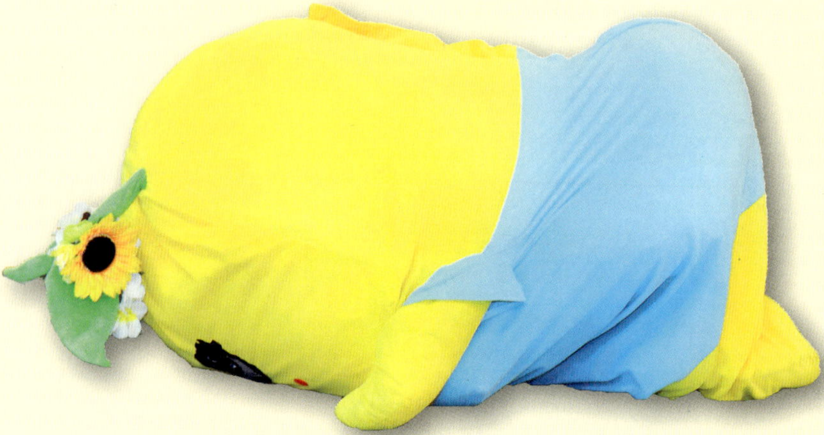

ダンゴムシのポーズ

フナバウアー

しゃくとりむし
のポーズ

こんなっしー！

またなっしー！

Funassyi Comics

ふなっしー漫画 おでかけ編

お散歩ふなっしー

遊園地は楽しいなっしー

nashijiru bushaaaa!!!

Chapter 02

Funassyi Goods Catalog

ふなっしーの最新グッズカタログなっしー！

ここからはふなっしーグッズを大紹介！
定番のぬいぐるみから、毎日の生活に便利な日用品、雑貨、
そしてランチセットやステーショナリー、さらにはお菓子まで、
いまやふなっしーグッズは盛りだくさん。
今回は、そのなかでも特にオススメのアイテムを一挙に紹介しちゃいます！
すぐに売り切れてしまうものもたくさんあるので、
見つけたら即ゲットなっしー。

【協力】株式会社日本テレビサービス／株式会社グレイ・パーカー・サービス／
株式会社ラピート／有限会社アレスカンパニー／株式会社セラパント

Nuigurumi / Omocha

ぬいぐるみ／おもちゃ

定番のぬいぐるみはバリエーションが豊富。
思わず全部欲しくなっちゃうものばかり！

ふなっしーぬいぐるみ（特大）

￥5,023／日本テレビサービス

ふなっしーミニぬいぐるみ

￥500／日本テレビサービス

ふなっしーソフビフィギュア

￥5,500／グレイ・パーカー・サービス

ふなっしー

ふなっしーお手玉

￥700／
グレイ・パーカー・サービス

ふなっしーパペット

￥1,500／グレイ・パーカー・サービス

ふなっしーなりきりお面

￥600／アレスカンパニー

ふなっしーぬいぐるみ
（おすわり）

￥1,800／日本テレビサービス

車間距離を
あけるなっしー
船橋市非公認　ふなっしー
安全運転
するなっしー
船橋市非公認　ふなっしー
赤ちゃんが
乗ってるなっしー
船橋市非公認　ふなっしー

ふなっしー メッセージボード付ぬいぐるみ

各￥1,700／グレイ・パーカー・サービス

分身ふなっしー

￥2,286／セラパント

Strap / Mascot

ストラップ/マスコット

いつでもどこでもふなっしーと一緒！
そんな人にオススメのアイテム大集合

ふなっしー　あみぐるみ

￥850／グレイ・パーカー・サービス

ふなっしー　プニプニマスコット

￥700／グレイ・パーカー・サービス

ふなっしー　ブルブルマスコット
（梨／リボン）

各￥850／グレイ・パーカー・サービス

ふなっしーマスコットストラップ
（地図、梨、落花生）

各￥600／ラピート

根付マスコット

¥500／日本テレビサービス

ご当地キャラ総選挙優勝記念チャーム

¥1,858／セラパント

ふなっしー
コレクションキーホルダー

¥500／グレイ・パーカー・サービス

くっつきマグネット

各¥650／グレイ・パーカー・サービス

ふなっしーぬいぐるみリールキー

¥1,200／グレイ・パーカー・サービス

Commodity / Variety
日用品／雑貨

毎日役立つあんなもの、こんなものも
いまやふなっしーグッズはなんでもあります！

メタルチャームストラップ

￥380／ラピート

ご当地キャラ総選挙 優勝記念缶バッチ

各￥286／セラパント

季節限定ふなっしー　ハロウィン缶バッチ
（おばけ／ほうき／かぼちゃ）

各￥286／セラパント

ふなっしー サンタチャーム

￥762／セラパント

ふなっしーウエスタンマスコット

アミューズメント専用景品／アレスカンパニー

ふなっしー ピンバッチ

各￥300／ラピート

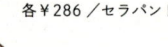

ふなっしーがま口

￥780／ラピート

ご当地キャラ総選挙
優勝記念タオル

￥600／セラパント

フェイスタオル2

￥1,000／日本テレビサービス

イヤホンジャック
(梨汁ブシャー！バージョン／
よじのぼりバージョン)

各￥500／日本テレビサービス

ふなっしー　添い寝抱き枕

￥2,500／グレイ・パーカー・サービス

ポーチ

¥1,000／日本テレビサービス

ふなっしー　フードタオル

¥1,980／グレイ・パーカー・サービス

ふなっしー 座椅子

¥2,300／グレイ・パーカー・サービス

ふなっしー メガジップポーチ

¥1,580／グレイ・パーカー・サービス

パスケース

¥1,000／日本テレビサービス

ミニタオル（青／ピンク）

各￥500／日本テレビサービス

ふなっしー鍋つかみミトン

アミューズメント専用景品／アレスカンパニー

ふなっしー 巾着（M サイズ／ YE）
ふなっしー 巾着（S サイズ／ドット）
￥600、￥480／グレイ・パーカー・サービス

ふなっしー　ハンカチ

各￥300／グレイ・パーカー・サービス

ふなっしーくるくるタオル

アミューズメント専用景品／
アレスカンパニー

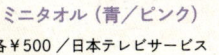

ふなっしー ロングクッション第2弾

アミューズメント専用景品／アレスカンパニー

ふなっしー丸型クッション

アミューズメント専用景品／アレスカンパニー

ふなっしーバスタオル第2弾

アミューズメント専用景品／アレスカンパニー

ふなっしー超ビッグフリース

アミューズメント専用景品／アレスカンパニー

壁掛けカレンダー

￥2,000／日本テレビサービス

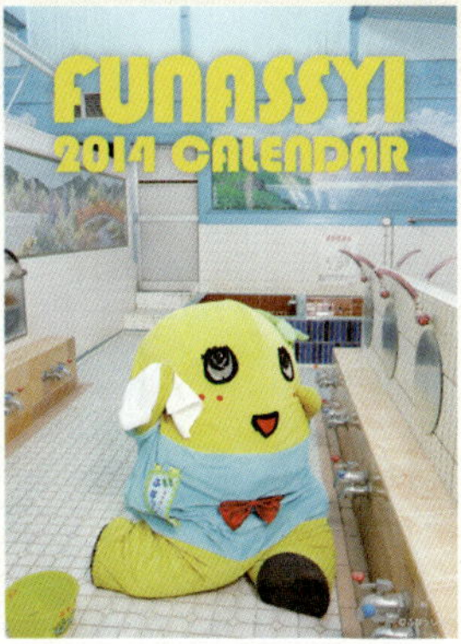

卓上カレンダー

￥2,000／日本テレビサービス

ふなっしーせんたくバサミ第２弾 ～パール VER～

アミューズメント専用景品／アレスカンパニー

ふなっしー収納ボックス

アミューズメント専用景品／アレスカンパニー

こんなものまでふなっしーに！
大人のたしなみ、ゴルフ
グッズがこのたび登場しました。
これであなたもゴルフ場の人気者に⁉

ふなっしーゴルフヘッドカバー
（1W）

￥3,800／アレスカンパニー

ふなっしーゴルフボールポーチ

￥1,200／アレスカンパニー

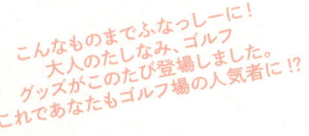

Fashion

ファッション

見てかわいい、着てかわいい
ふなっしーコレクション

2WAY フェイスバッグ
￥3,715／セラパント

ふなっしーかぶぐるみ
￥1,980／ラピート

靴下（22～24cm）
￥380／日本テレビサービス

ふなっしー 変身Ｔシャツ
￥3,500／グレイ・パーカー・サービス

ふなっしー着るフリース

アミューズメント専用景品／アレスカンパニー

ふなっしーエナメルウォレット

アミューズメント専用景品／アレスカンパニー

ふなっしー リュック

￥2,200／グレイ・パーカー・サービス

Lunch set
ランチセット

ふなっしーと一緒にランチ。
思わずふなっしーまで食べたくなっちゃう !?

ふなっしーのランチボックス
with ふな箸

￥2,381／セラパント

ふなっしー 3 段コンテナ

￥1,500／グレイ・パーカー・サービス

マグカップ（ボーダー／フェイス／レース）

各￥900／日本テレビサービス

ふなっしー コップ

￥500／グレイ・パーカー・サービス

ふなっしー 箸／箸箱セット

¥680／グレイ・パーカー・サービス

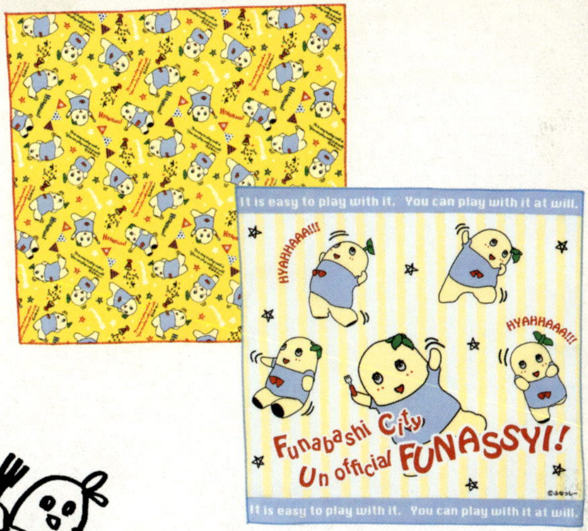

ふなっしー カラーメラミンカップ

¥500／グレイ・パーカー・サービス

ふなっしー ランチクロス（ストライプ／YE）

各¥680／グレイ・パーカー・サービス

ふなっしー 2段ランチ

¥1,600／グレイ・パーカー・サービス

ふなっしーカトラリーセット
6本入り／2本入り

アミューズメント専用景品／アレスカンパニー

Okashi

お菓子

かわいいふなっしー、食べるのがもったいない
でもおいしいからついつい食べちゃいます

ふなっしープリントクッキー
¥700／日本テレビサービス

ふなっしーポテトチップス
¥700／日本テレビサービス

ふなっしーのマル秘クッキー
¥700／日本テレビサービス

ぶ。しゃー

ふなっしー梨風味クランチ

¥700／日本テレビサービス

ふなっしーの梨ラングドシャ

¥800／日本テレビサービス

ふなっしー梨風味ケーキ

¥700／日本テレビサービス

ふなっしードロップス

¥400／ラピート

Stationery
ステーショナリー

仕事、勉強もふなっしーがお助け！
気がついたら机の上がふなっしーだらけに!?

じゆうちょう（青）
¥300／日本テレビサービス

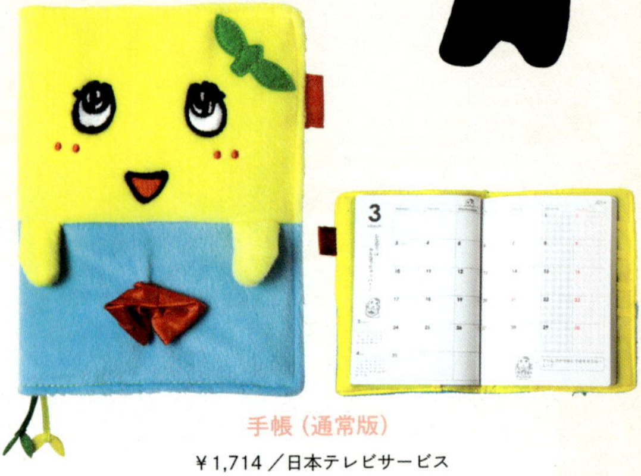

手帳（通常版）
¥1,714／日本テレビサービス

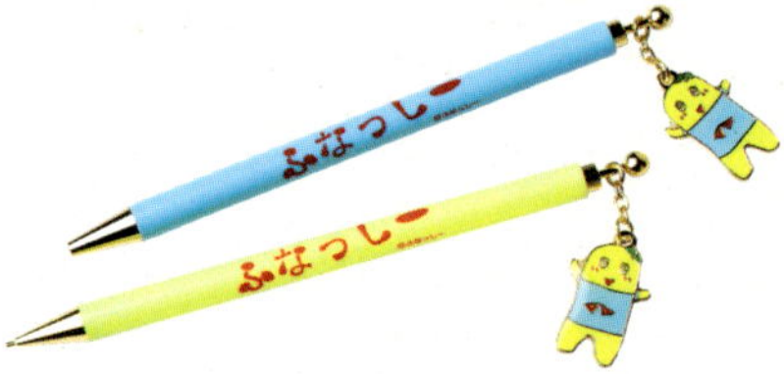

ボールペン／シャープペン
各¥500／日本テレビサービス

シール
¥300／日本テレビサービス

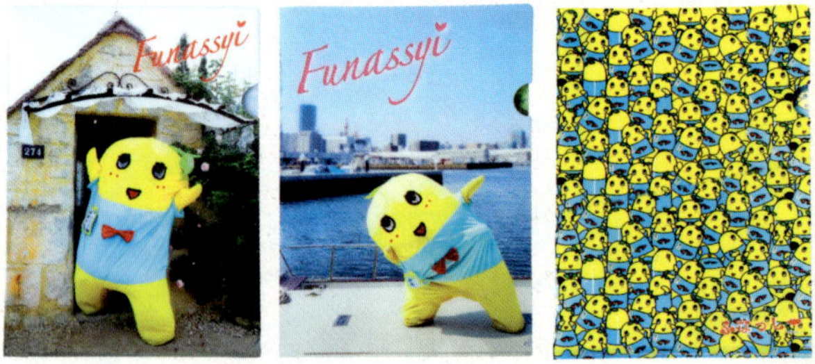

クリアフォルダ（家／海／イラスト）
各¥300／日本テレビサービス

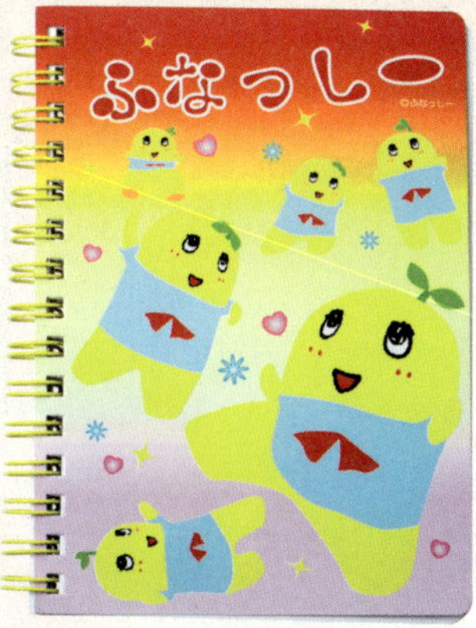

リングノート

¥400／日本テレビサービス

ふなっしー 香り付き
ダブルマーカー

アミューズメント専用景品／アレスカンパニー

マリーンズコラボクリアフォルダ
（イラスト／ユニフォーム）

各¥333／日本テレビサービス

ぷくぷくシール

¥400／日本テレビサービス

ヒャッハー

＜お問い合わせ＞
紹介している商品に関するお問い合わせはこちらまで

■株式会社日本テレビサービス
TEL　03-3222-3544（平日 10:00 ～ 16:00）
URL　http://www.ntvs.co.jp/

■株式会社グレイ・パーカー・サービス
TEL　03-5542-0736
MAIL　info@grayparkaservice.com
URL　http://grayparkaservice.com/

■有限会社アレスカンパニー
URL　http://ares-company.jimdo.com/

■株式会社セラパント
TEL　03-3708-0329（平日 10:00 ～ 16:00）
URL　http://www.selapint.net/

■株式会社ラピート
TEL　03-6672-3041
URL　http://rapiit.jp/

※今回紹介している商品は、店舗によっては売り切れの場合がありますので、ご了承ください。
※価格はすべて税抜きで表記しています。

Funassyi Comics

ふなっしー漫画
にんきもの編

一日店長は大変なっしー

ハリウッドデビューなっしー

nashijiru bushaaaa!!!

Chapter 03

Funassyi Interview

ふなっしーの１万字インタビューなっしー！

日々、テレビにイベントにと大忙し。
さらに声優デビュー、CD デビューまで果たし、いまや国民的
ご当地キャラとして大活躍しているふなっしー。
今回は某所にてふなっしーの単独インタビューに成功！
1万字に及ぶロングインタビューで、
ふなっしーの人（梨）柄に迫ります！

Interview

——こんにちは！ 本日はよろしくお願いします！

「こんなっしー！ よろしくお願いしますなっしー！」

——1万字インタビューということで、いろいろと根掘り葉掘り質問させていただきます。

「OKなっしー、なんでも聞いてほしいなっしー！」

——まずはふなっしーの基本的なプロフィールからお聞きしていきます。最初に生年月日を教えてくれますか。

「なんだか面接みたいなっしー。ふなっしーは、1876年前の西暦138年の7月4日に生まれたなっしー。梨の妖精で、1875歳なっしー」

——人（梨）生の大先輩ですね。誕生日も〝な(7)し(4)〟になっていますが、生まれはどちらになるでしょうか？

「それは、もちろん梨の妖精界なっしー！ 人間界ではないなっしー」

——その梨の妖精であるふなっしーが船橋市を応援しようと思ったのはなぜですか？

「ある日、梨神さまに船橋市をもっと応援しなさいって言われたからなっしー」

——それはやっぱりふなっしーが梨の妖精のなかでも優秀だったからですか？

「いや、逆なっしー。ふなっしーは梨の妖精界で遊んでばっかりだったなっしー」

Funassyi

——一体なにをして遊んでいたんですか？

「〝梨ころがし〟なっしー」

——それで梨神さまに怒られてしまったのですか？

「そうなっしー。それで梨神さまに『おまえは船橋市のPRと日本の景気を良くしてきなさい』と命令されてしまったなっしよ。それでふなっしーは、2012年の4月に梨の妖精界から、船橋市に舞い降りたわけなっしー」

——梨の妖精界にいる頃から、Twitterでの活動はされていましたよね？

「気まぐれで始めたなっしー。でも徐々にフォロワーも増えてきたから、もっともっと真剣にアピールすると、より多くの人にPRできるはずと梨神さまは考えたかもしれないなっしな」

——梨神さまってどんな方ですか？　ふなっしーと同じような梨の妖精でしょうか？

「全然似てないなっしー。梨神さまは、長くて白いヒゲが生えていて、杖を持っているなっしー。人間界で言うところの、仙人みたいな感じなっしー」

——梨神さまは人間型（？）なんですね。ふなっしーの家族構成についてお聞きします。ご両親はいるんですか？

「いないなっしー」

——では、どうやって生まれたんですか？

「梨神さまに作られたなっしー。でも、人間界に舞い降りたときは、船橋の梨園の木になったなっしー。そういった意味では、そのときの梨の木が親と言えるかもしれないなっしー」

——兄弟が273体いるというお話ですが、その梨の木になっていたのが兄弟ということになるんでしょうか？

「ああ、それは違うなっしー。梨の妖精界に、梨神さまに作られた梨の妖精がふなっしーを含めて274体いるなっしな。それがふなっしーの兄弟たちになるなっしー」

Interview

——なるほど。で、性別が……

「なし（梨）」

——その273体のなかで、ふなっしーがよく遊んでいたのは誰になりますか？

「〝ふなろくろっくび〟と〝ふな123《ひふみ》〟とはよく遊んだなっしな。それぞれ6体目と123体目の梨の妖精なっしー。懐かしいなっしー」

——そんな方がいるんですね（笑）。ぜひ会ってみたいです。そういえばふなっしーの本名は高貴な感じでしたよね。

「フナディウス4世なっしー」

——船橋市の梨園に舞い降りてからは、ずっと船橋市に住んでいるんですか？

「そうなっしー。船橋が大好きなっしー。ヒャッハー！」

——ふなっしーは2段ジャンプなど驚異的な運動神経を持っていることで話題です。これまでになにかスポーツをやっていた経験はありますか？

「ジャンプ力に関しては、スポーツよりもベースを弾いていたのが大きいなっしな。ライヴでよくジャンプしていたら、いつのまにかすごくジャンプ力がついたなっしー。好きなスポーツはセパタクローなっしー。でもル

Funassyi

ールは知らないなっしー」

——セパタクローではないですが、2012年に『ゆるキャラサッカー大会』では大活躍しましたね。決勝が〝くまモン〟（熊本県のご当地キャラクター）との対決。いま思い返すと、すごく豪華な対決になりましたね。

「あのときはまだふなっしーは全然みんなに知られていなかったなっしー。だから、決勝戦のくまモンとの対決は、完全にアウェイだったなっしー。プレッシャーと緊張で梨汁が溢れ出てきたなっしー。でも、いい勝負ができたなっしな」

——では、好きな食べ物はなんですか？ よくTwitter上では虫を食べちゃっていますが（笑）。

「定食系なっしー」

——意外ですね。定食でよく食べるのはなんですか？

「もつ煮定食なっしー」

——かなり渋いですね。

「梨サワーともつ煮定食の組み合わせは最高なっしー。みんなもやってみるなっしー！」

——ふなっしーは酔うとどうなりますか？

「笑い上戸になるなっしー！」

——いまよりテンションが高くなるんですね（笑）。では、昨日の晩御飯になにを食べたか覚えていますか？

「（ちょっと考えて）……コンビニのおでんなっしー」

——ふなっしーがコンビニでおでんを選んでいる姿はシュールです（笑）。おでんの具材はなにを食べましたか？

「ガンモとモチ巾着なっしー。おいしかったなっしー」

——おでんの具で好きなのが、この2つなんですか？

「おでんで一番好きなのは、牛すじなっしー！」

——あれ？ 昨日は牛すじを食べてないんですね。

「昨日は売ってなかったなっしー。本当は食べたかったなっしー。残念なっしー」

——では、逆に嫌いな食べ物はありますか？

「ふなっしーはなんでも食べるなっしー。嫌いなものはないなっしな。だから、子どもたちもふなっしーを見習って、好き嫌いはしちゃいけないなっしー」

——ぜひ全国の子どもたちはふなっしーをみならってほしいです。では、ふなっしーは朝起きて、まずなにをしますか？

「梨うがいなっしー」

——最近は各所に引っ張りだこで、超多忙ですが、ちゃんと睡眠はとれていますか？

「1日平均4～5時間は寝ているなっしな。梨の木にぶら下がって寝ているなっしー」

——梨にも幸水や二十世紀などいろいろな種類があります。ふなっしーはどの梨の妖精？ また好きな梨の種類はありますか？

「ふなっしーはふなっしーなっしー。どの梨でもないなっしー。でも、どの梨も魅力的で個性があって、おいしいなっしー。梨は全部好きなっしー！」

——テレビでも活躍されていますが、ふなっしーの好きな芸能人は誰ですか？ ふなっしーは梨の妖精なので、男性と女性、1人ずつ教えてください。

「う〜ん……好きな女性芸能人は、やっぱりがっきー（新垣結衣）なっしー。とってもかわいいなっしー」

——がっきーとはCMでも共演されていましたね。

「そうなっしー。ふなっしーが初めて間近で見た芸能人ががっきーなっしー。さらにふなっしーのCMデビューのときでもあったなっしー。一生忘れないなっしー！」

——では男性芸能人ですと、誰が好きですか？

「志村けんさんなっしな」

——それはなぜですか？

「『天才！志村どうぶつ園』と『志村けんのバカ殿様』に出演させてもらったなっしー。すごく感動したなっしー」

——以前、ロンドンに行かれていましたが、どこか旅行したい場所はありますか？

「ブルキナファソって国に行ってみたいなっしー」

——すごい国を挙げますね（笑）。西アフリカに位

view

置して、ガーナやコートジボワールに隣接する国ですが、なにか思い入れでも？

「ふなっしーはいろんな国や土地に行ってみたいなっしー。もっと勉強して、見聞を広めたいなっしー。世界には面白いことがいっぱいあるはずなっしー」

——好奇心が旺盛なんですね。ふなっしーは梨の妖精ですが、もし人間になっ

たら、やってみたいことはありますか？
「スキューバダイビングをやってみたいなっしな。いまは諸事情で潜れないなっしー」
——なるほど（笑）。ふなっしーから見て、人間はどういう生き物に見えますか？
「……ふっ（笑）」
——ん？なんですか？
「い、いや、なんでもないなっしー！人間は笑顔が素敵なとっても優しい生き物なっしー！大好きなっしー！」
——よくふなっしーは虚言癖があると言われていますが……。
「ふなっしーはウソをついていないなっしー。ただ見栄っ張りだから、ついつい知ったかぶりをしちゃうなっしー。だから、ふなっしーの発言の27.4％は知ったかぶりや思いつきなっしな」
——では、そんな知識欲が旺盛なふなっしーの好きな本や作家を教えてください。
「デール・カーネギーの『人を動かす』が面白かったなっしー」
——著名なビジネス書ですね。本当に勉強家ですね。
「子どもたちにはちょっと難しいかもしれないなっしな。でも、きっと将来役に立つはずなっしー。人を意のままに動かすことができるなっしー！」
——ちょっと怖いですよ（笑）。ふなっしーの座右の銘なんでしょうか？
「〝人間《にんげん》万事《ばんじ》塞翁《さいおう》が馬《うま》〟。……あっ、梨だったなっしー！」
——人生なにが起こるかわからないから、一喜一憂しないでドンと構えている、ということわざです。

Funa

Interview

「ふなっしーを見ていれば、よくわかるはずなっしー。本当に人（梨）生はなにが起こるかわからないなっしー」

——確かに体現されていますよね。ふなっしーが尊敬する人物は誰ですか？ 梨でも構いませんが。

「山中鹿介《やまなかしかのすけ》なっしー」

——戦国時代の武将で、尼子家の再興に尽くした忠義の人物ですね。〝我に七難八苦を与えたまえ〟という名言を残しています。ふなっしーを山中鹿介、尼子家を船橋市に置き換えるとしっくりきますね。

「……！！ そこまで深くは考えなかったなっしー！ でも、かっこいいなっしー。ふなっしーも船橋市のためにがんばるなっしー。でも〝七難八苦〟はきついなっしな……」

——では、話題を変えて、ふなっしーの活動についてお伺いします。それこそ活動当初は非公認ゆえに〝七難八苦〟があったようですが、初めての船橋のPR活動はどんなものだったのでしょうか？

「船橋に舞い降りて、まず道端の空き地に桜を観に行ったなっしー。丁度、花見の季節だったから、いっぱい人がいたなっしー」

——それがふなっしーの活動の第一歩なんですね！ 周りにいた方々の反応はいかがでしたか？

「物好きな人たちが近寄ってきたなっしー。それで、いきなり叩かれたなっしー。そのときは、人間超怖いと思ったなっしー。あの頃はまだ人間に慣れてなかったなっしー」

——当時からいまのように喋っていたのですか？

「そうなっしー。ふなっしーは最初から変わってないなっしー。でも、喋ってもあまりウケなかったなっしー」

——人間界に舞い降りて、間もなくして一日店長もされていますね。

「アカチャンホンポさんから依頼が来たなっしー！ あれはうれしかったなっしー！」

——とは言え、活動当初は順風満帆《じゅんぷうまんぱん》というわけでもなかった、と。

「そうなっしー。船

橋市役所を訪れたり、電話をしたり、メールをしたなっしー。でも、皆さん忙しくてなかなか取り次いでもらえなかったなっしー」

――PRしたいのにできない時期が続いたんですね。

「例えば、ご当地キャラクターのサミットに出場するためには、市から公認されていなくても〝こんなキャラクラーがいますよ〟という市役所のサインが必要だったりするなっしー」

――どこの自治体のキャラクターで活動実績があるかどうかを確かめるには必要かもしれませんね。

Funassyi

「そのサインを貰うのにも一苦労だったなっしー。役所をたらい回しにされて、結局、断られちゃったなっしー。一日店長をやって、ちょっと調子に乗っちゃったなっしー。やっぱ個梨（個人）活動だと、風当たりが強いなっしー」

——それでも諦めずにがんばり続けたわけですよね？

「その後、『ふなばし市民まつり』に出るために、商工会議所にも問い合わせたなっしー。でも、こっちも許可が貰えなかったなっしー。ふなっしーは、ただ応援したかっただけなしな。それがなかなかできなくて、苦労したなっしー」

Interview

——そんな状況で、どういう活動をされていたんですか?

「YouTubeで動画を配信して、アピールしたりもしたなっしな。あとは、ときには許可なく飛び込みでイベントやお祭りに参加したりもしたなっしー。『ふなばし市民まつり』も勝手にお手伝いに行ったなっしー。船橋市のPRイベントには自主的に参加したなっしー」

——辛くて、活動を止めようとは思いませんでしたか?

「それは一度も思ったことはないなしな。当時は少なかったけど、ふなっしーをイベントに呼んでくれる人もいたなっしー」

——ご当地キャラクター同士の繋がりでも、イベントに参加されていましたね。

Funassyi

Interview

「そうなっしー。そういった繋がりも大きかったなっしな。しかも、初めてふなっしーを見た人も喜んでくれたなっしー。そういう人たちのおかげで、がんばれたなっしー。苦労もあったけどPR活動はずっと楽しいなっしー」

――活動を続けていて、認知度が上がったなって実感されたのは、いつ頃ですか？

「テレビに出る前だと、『高円寺フェス2012』なっしー。ゆるキャラプロレスに参加したなっしー。〝うなりくん〟（千葉県成田市のご当地キャラ）や〝すがもん〟（巣鴨地蔵通り商店街のイメージキャラクター）たちと熱い戦いを繰り広げたなしな。お客さんから〝ふなっしーコール〟も起きたなっしー。その後、Twitterのフォロワー数もすごく増えたなっしー」

――ゆるキャラたちのなかで、ふなっしーだけやたら機敏な動きをしていて、目立っていましたね。

「がんばったなっしー。あのときはインターネットニュースでも、ふなっしーの活躍が結構取り上げられたなっしな！ 梨汁ブシャー！」

――実際に、ふなっしーの活動を通じて、船橋市にも1億円とも言われる経済効果があったと報じられていますが、いかがですか。

「感動するなっしな〜。これに満足せずに、船橋市のためにもっともっとがんばるなっしー」

――そして、2013年10月に船橋市から感謝状も貰いましたね。どのような心境でしたか？

「まさか貰えるとは思ってなかったなっしー。いろんな人に応援してもら

ってがんばってきたのが、ようやく実ったな～って感じたなっしー。感無量なっしー」

――非公認だったからこそ、なににも縛られずに自由に行動できたというメリットもやはりあったでしょうか?

「それはあるなっしな！　非公認だからこそ好き勝手にいろんなイベントに出演して、暴れてきたなっしー。そのおかげいっぱい応援してくれる人が増えたなっしー」

――個梨（人）でがんばっている姿は多くの共感を得ています。見返りもなく、船橋市のために活動していましたからね。

Funassyi

「自腹で全国を回っていたなっしー！でも、イベントに参加するとみんなが喜んでくれるなっしな。ふなっしーの自由気ままなところに共感してくれているのは、うれしいなっしー。個梨個人)でがんばっている姿を見て、勇気を貰ったと言ってくれる人や、応援してくれている人も多いなっしー。本当にありがたいなっしー」

——ふなっしーのPR活動の最終目標は、なにになるでしょうか?

「もっともっと船橋市のイベントに出られるようになりたいなっしー。そして、最終的には、船橋市から長く愛される梨になりたいなっしー」

Inter

——いまはテレビにラジオなど全国を飛び回り多忙ですよね。やはりスケジュール上、なかなか地元のイベントには出ることができない状態ですか?

「いや、じつ

は逆なっしな」

――と、言いますと？

「さっき言ったように、最初の頃は船橋市のイベントにはなかなか参加できなかったなっしー。船橋市のご当地キャラなのに、船橋市がアウェイだったなっしー」

――なるほど（笑）。

「最初の頃は、埼玉県や大阪のイベントとか船橋市以外での活動が多かったなっしー。ご当地キャラ同士でのお誘いもあったなしな。そうやって段々とふなっしーの活動が認められるにつれて、徐々に船橋市のイベントにも参加できるようになったなっしー。うれしいなっしー。ヒャッハー」

――ふなっしーに会いたい！という方がたくさんいると思うのですが、どうすれば会えますか？

「午前2時に伝書鳩を飛ばしてほしいなっしー」

――では、次に船橋市の魅力についてお聞きします。

assyi

Interview

おススメの観光地はどこになりますか？

「家族連れだったら、アンデルセン公園が面白いなっしー。風車があって、アスレチックも楽しめて、ボートにも乗れるなっしー。自然がいっぱいで、動物にも触れるなっしー。のんびりとした休日が過ごせるなっしー」

――ふなっしーが船橋市でよく遊びに行くところはどこですか？

「船橋港とららぽーとTOKYO BAY。なんか宣伝みたくなっちゃったなっしー」

――船橋港と言えば、ふなっしーがTwitter上で発言していますが、よく謎の対決をされている場所ですよね。

「そうなっしー。いろんな生物と戦っているなっしー」

――エゾシカとナウシカ対決をしたり、巨大フナムシやワオキツネザル、カイザーゴンザレスなど様々な動物（？）と戦っています。あの戦いが気になっている方も多いと思いますが、あれは一体なんの争いでしょうか？

「じつは……ここだけの話、船橋港には未知の生物が上陸するスポットがあるなっしー。ふなっしーはそんな生物たちの上陸を夜な夜な防ぎに行っているなっしよ」

――カイザーゴンザレスは何者ですか？ 右手にソーメンを持っているとのことですが。

「カイザーゴンザレスは鍋に勝手にソーメンを入れてくる危ないヤツなっしー」

――では、夜に船橋港に行くと、ふなっしーが戦っているところを見られるかもしれない？

「もちろんなっしー！」

――船橋の平和を守る戦いもされていたんですね。船橋市の梨がおいしいことはふなっしーのP

Rで知られていますが、他に名産品はありますか？

「船橋市はニンジンの名産地なっしー。あとは小松菜も有名なっしな。東京湾に面しているから、ノリや魚もいっぱい獲れるなっしー。どれもおいしいなっしー。ぜひ食べてみてほしいなっしー」

――さらに船橋市にはソースラーメンというユニークな食べ物があるそうですね。

「それは船橋市のご当地ラーメンなっしー」

――どんな食べ物ですか？

「例えるなら、スープ焼きそばみたいな感じなっしな。ふなっしーも大好きなっしー。鶏ガラとソースが絡んだスープになっているんで、両方好きな人にはたまらないなっしー。船橋に来たら、ぜひ試してほしいなっしー！」

Funassyi

――ソースラーメンをどのくらいの頻度で食べますか？

「週1回は必ず食べるってウソを書いておいてほしいなっしー」

――舞い降りてからしばらく経ちますが、船橋市民の方々に対しては、どういう印象をお持ちですか？

「すごく温かい目で見守ってくれているなっしー。とってもありがたいなっしー」

――では、さらに突っ込んだ話をしていきたいと思います。ふなっしーが梨神さまに作られて、この世に生まれたときに最初に発した言葉ってなんでしょうか？

「ヒャッハー！」

――テレビ等でときどきイリュージョンと呼ばれる梨汁を補給する行為をされていますが、イリュージョンを行わないと、ふなっしーはどうなっちゃいますか？

Interview

「活動限界に達して、ぶっ倒れちゃうなっしー。子どもたちも遊ぶときは、こまめに梨汁を補給するのが良いなっしー。元気が湧いてくるなっしー」

——よくヘッドバンギングもされていますが、やっぱりロックが好きなんですか?

「好きなっしー!体が熱くなるなっしー!」

——ふなっしーが一番好きなバンドはなんでしょう?

「ブラック・サバスなっしー。40年近くも活動していたイギリスの伝説のバンドなっしー。ヒャッハー!(ヘッドバンギングをし始め

nassyi

る）」

――やっぱりロックでも激しいのが好きなんですか？

「ハードロックやヘヴィメタが好きなっしな」

――公式テーマソング「ふなふな ふなっしー♪」が11月27日の"いいふなの日"にリリースされ、CDデビューも果たしました。しかも、高見沢俊彦さんのプロデュースになっています。

「ふな ふな ふな ふなふな ヒャッハー！いい歌なっしな！」

――歌詞を見ると、実際にふなっしーの実体験がもとになっていて、すごくポジティブな楽曲になっていますね。

「実際に、バックドロップを食らったり、蹴られたり、投げられたりしてきたなっしー。いろんなことも言われてきたけど、明るく元気にがんばっていたら、ふなっしーは多くの人から応援してもらえたなしな。だから、ちょっと落ち込んだときとかに聴いてほしいなっしー」

―見事な美声も披露していますが、ふなっしー自身もバンドを組んでいた経験はありますか?

「梨の妖精養成学校時代に軽音楽部に所属して、ベースを弾いていたなっしー! ヒャッハー!」

―そんな学校があるんですか!? ちなみにふなっしーの学歴はどうなっているんでしょうか?

Interview

「梨小学校、梨中学校、梨高校、そして梨の妖精養成学校なっしー。養成学校は、人間界で言えば専門学校みたいなところなっしー」

―梨の妖精界にもちゃんと学校があるんですね。ところで梨の妖精には寿命があるのでしょうか?

「2000年なっしー」

―いま現在、人間界で言う恋人のような存在はいますか?

「なし(梨)」

―CDデビューの他に、声優デビューもされています。

「何事も恐れずにチャレンジすることが大事なっしー!」

―これから船橋市をPRするために活動の場を広げることを考えていますか?

「やっぱり世界中を旅してみたいなっしー。世界中の人にふなっしーを見てもらって、船橋をPRしつつ、その様子を動画で配信して、応援してくれているみんなにも見てもらいたいなっしー」

―2014年にブラジルでサッカーのワールドカップが開催されます。ふなっしーが応援している国はありますか?

「もちろん日本なっしー!」

―では、注目している選手はいますか?

「ラモス瑠偉なっしー。ラモスはすごいなっしー」

―ちょっと先にはなりますが、2020年に東京で夏季オリンピックが開催されます。出場してみたい競技や種目はありますか?

「新種目の〝梨高飛び〟っしな」

―流行語大賞はご覧になりましたか? 「今でしょ!」「じぇじぇじぇ」「倍返し」「お・も・て・な・し」が選ばれました。

「お・も・て・な・っしー! 順当なっしな。特に問題ないなっしー。来年はふなっしーも選ばれるようにがんばるなっしー」

―もし生まれ変わるとしたら、なにになりたいですか?

「梨の妖精は生まれ変わっても、梨の妖精にしかなれないなっしー」

―ご当地キャラ同

Funassyi

士で共演することが多いと思いますが、仲が良いキャラクターはいますか?

「ちっちゃいおっさん（兵庫県尼崎市のご当地キャラクター。ふなっしー同様に市からは非公認）とは仲が良いなっしー。仕事がうまくいってないと、ちょくちょく電話がかかってくるなっしー。たまに飲みに行ったりもするなっしー」

――『ご当地キャラ総選挙2013』で見事優勝をしました。日本を代表するご当地キャラとして、もっとも大切にしていることはなんでしょうか?

「やっぱり人を喜ばせることが一番大事なっしー。いくら人気が出ても、ご当地を応援して、みんなを喜ばせることを忘れちゃいけないなっしー。ふなっしーはこれからも変わらずに、がんばっていくなっしー!」

―優勝のインタビューでは、他のご当地キャラにもスポットが当たるように、今後はこういったコンテストには出ない旨を発言されていました。

「ご当地キャラががんばっているのは、その土地が注目されるためなっしー。自分が目立つためではないなっしー。だからもっといろんな土地にスポットが当たればいいなしな。もちろんふなっしーもこれからも船橋市のPRをがんばるなっしー!これからも応援をよろしくお願いしますなっしー!」

Funassyi Comics

ふなっしー漫画
どきどき編

宇宙は広いなっしー

おばけ屋敷ひゃっはー！

Chapter 04
Funassyi Art Works

nashijiru bushaaaa!!!

ふなっしーのアートワーク集なっしー！

実物もいいけれど、イラストになってもかわいいふなっしー。
ここではあまり世には出回っていない、
ふなっしーのレアなアートワークを一部ではありますが紹介しちゃいます。
さらに、最後にはふなっしーの描き方講座もあるので、
ぜひチェックしてみてね！

【協力】株式会社日本テレビサービス／株式会社グレイ・パーカー・サービス／
株式会社ラピート／有限会社アレスカンパニー／株式会社セラパント

Trump Spades

ふなっしートランプ【スペード】

貴重なふなっしートランプのアートワーク。いつも通り元気なふなっしーはもちろん、ジャック、クイーン、キングのおどけたふなっしーにも注目！

Q
ふなばしし
ふなっしー

10
梨汁ブシャー！

K
ふなっしー

J
ふなっしー

Trump Hearts

ふなっしートランプ【ハート】

ハートのふなっしーは、よりかわいく、ラブリーに。それぞれのカードに書かれた一言コメントも見逃さないようにね！

Q
I ♥
NASHI
ふなっしー
Q

10
なかよしなっしー
10

K
K

J
ユンボウ！
J

Trump Diamonds

ふなっしートランプ【ダイヤ】

ダイヤのマークをちょっとずつ壊していくふなっしー。10のカードではもはややりきってドヤ顔（笑）。いかにもふなっしーらしい……!?

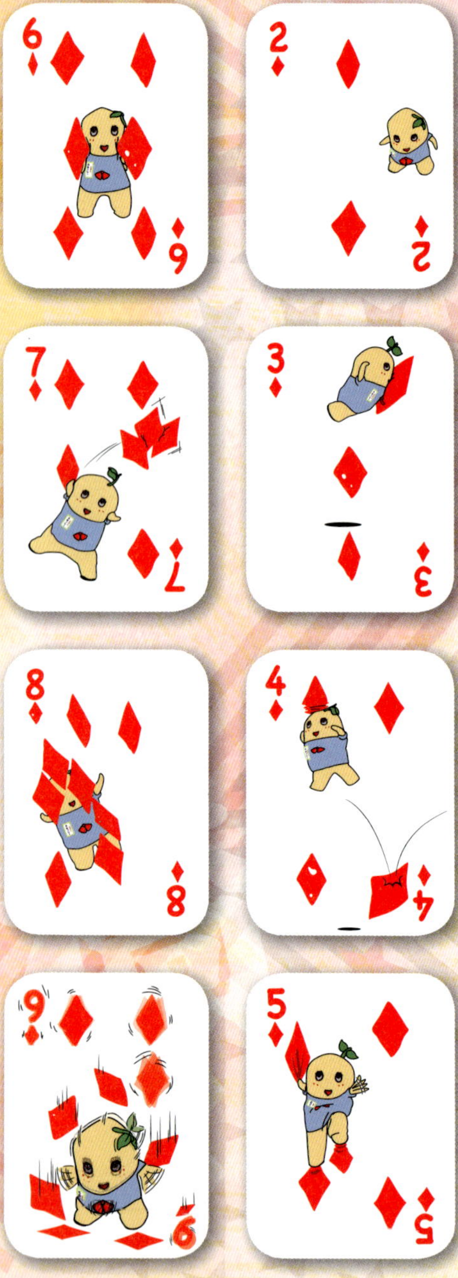

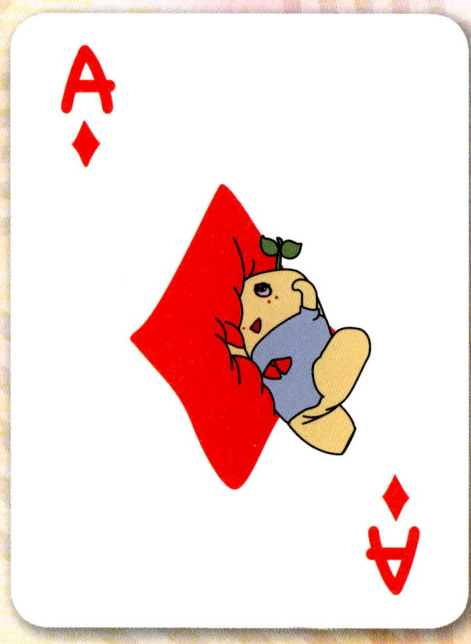

Q
ふなっしー
Q

10
10

K
K

J
J

Trump Clubs

ふなっしートランプ【クローバー】

ふなっしーがいるとクローバーが梨の木に見えてくるね。ふなっしーもうれしいのかな、すごく楽しそうに遊んでる。

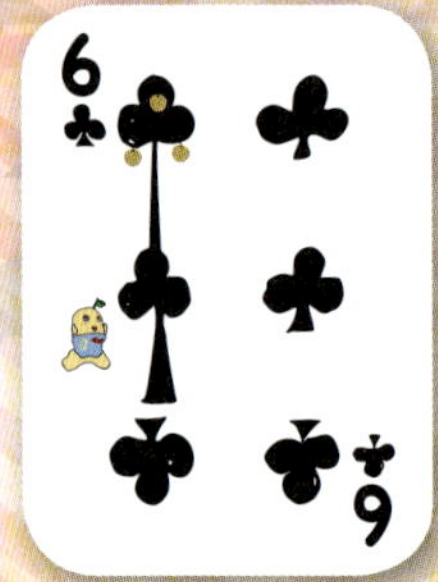

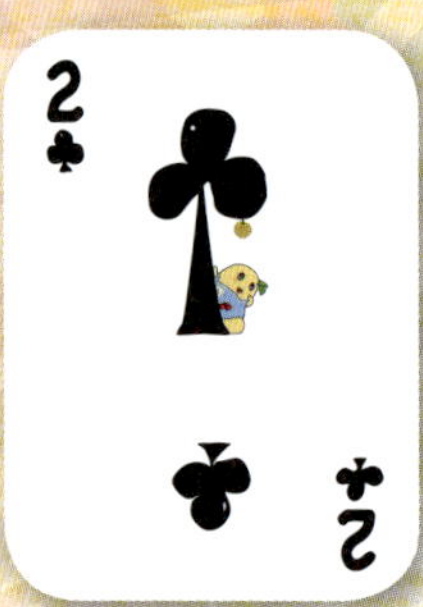

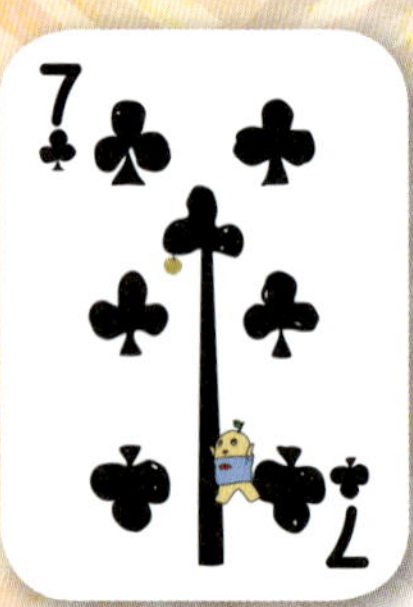

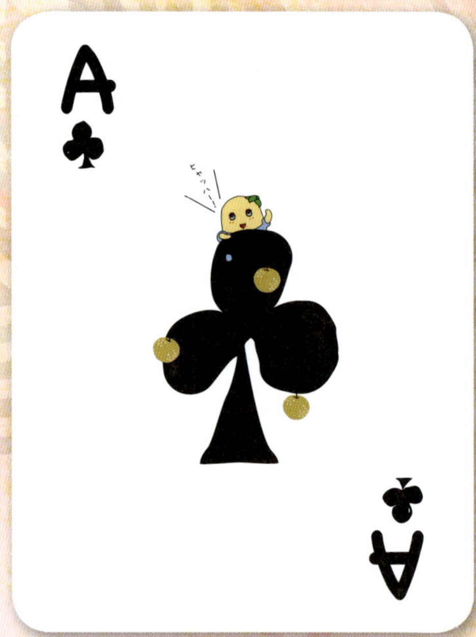

Q
ふなっしー
Q

10
10

K
K

J
J

Favorite Illust

ふなっしー
お気に入りイラストで賞

ここからはふなっしーもお気に入りのイラストを3点ピックアップして紹介！このイラストは商品にもなっているのでぜひチェックしてみてね。

ふなっしーはフルーツ好きで賞

ふなっしーは梨好きだけど他のフルーツだって大好き。
オレンジにりんごにいちご、さくらんぼにキウイ……
たくさんのフルーツに囲まれて幸せいっぱい。

ふなっしーと梨狩りに行ってみたいで賞

いっぱいフルーツと遊んだけど、
やっぱりふなっしーは梨が大好き。
いつかみんなと梨狩りに行きたいね！

Funassyi Style art
ふなっしー増殖中！

楽器を奏でるふなっしーからコスプレふなっしーまで。いろんなふなっしーがいーっぱい！

音楽やるなっしー

ふなっしーは、CDまでリリースしちゃったね。歌って、演奏して、ふなっしーは音楽大好き！

コスプレなっしー

その他にも、いろいろコスプレをするふなっしー。次のページからはさらに過激なふなっしーが登場！

スポーツするなっしー

抜群のジャンプ力を活かして、いろんなスポーツに挑戦するふなっしー。ホントにスポーツ得意なのかな⁉

ハードボイルドなコスプレふなっしーが登場！かっこよく決まってます。

まだまだあるぞ
ふなっしーアートワーク

こちらは、キャンペーン用に作られた非売品のステッカーのアートワーク。バリエーションが豊富で大好評だったそう。

Funassyi how to draw
ふなっしー描き方講座

最後にふなっしーの描き方を教えちゃいます。ポイントは、ちょっとぽっちゃり丸々した身体とかわいい目。そこさえうまく描ければ、上手にふなっしーが描けますよ。

1

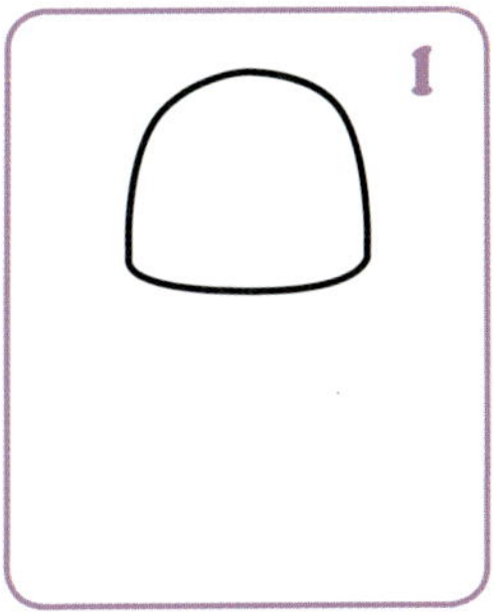

まずはふなっしーの頭から。まるいお山を1つ描いてみよう。ここのポイントは、あまり高くなりすぎないこと。

2

次に山を伸ばして身体を描きます。ポイントは、頭と同じくらいの長さで描くこと。バランスが大事。

3

そしたら足と手をニョキニョキと。どちらも短め、特に手はかなり短め。シャツ袖も忘れずに。

4

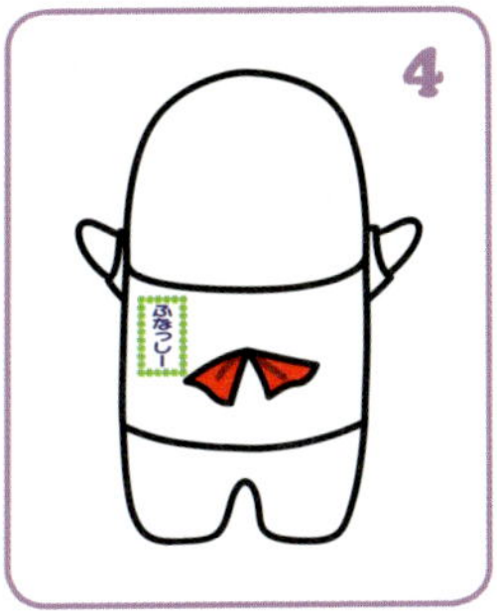

ふなっしーの身体ができたら、まずは胴体の真ん中にリボン、その左側に名札をペタリ。

5

顔は、かわいい目、そばかす。そして三角形のおちょぼ口。目もうるうるさせるとかわいくなるよ。

6

最後に頭の右側に葉っぱを付けたらふなっしーの完成です。思ったよりも簡単に描けるでしょ。

Funassyi Comics

ふなっしー漫画 ぜいたく編

美容院に行くなっしー

ふなっしーもイケメンになりたいなっしー。
イケメンヘア カタログ
ヘアサロン
よし。美容室に行くなっしー。
どうしますか?
とにかくかっこよくなりたいなっしー。
カタログ
あははは…

あこがれのリストランテ

おいしいなっしー
これもおいしいなっしー
満足なっしー。ここの梨料理は最高なっしー。
こちら…全てリンゴ料理でございます…。
き、きまずい!…

nashijiru
bushaaaa!!!

Chapter 05 Funassyi & Friends

ふなっしーとゆかいな仲間たちなっしー！

ふなっしーは全国のご当地キャラクターとも仲良し。
埼玉県・志木で行われた「志木市民まつり」に潜入し、
ゆかいな仲間たちとの競演を激写！
全国のみんなの笑顔を見たいから、
ご当地キャラは今日も元気に働きます。

ふなっしー × 栃木県佐野市のご当地キャラクター さのまる

「ゆるキャラ
グランプリ2013」の
グランプリ
おめでとうなっしー！

Funassyi & Friends

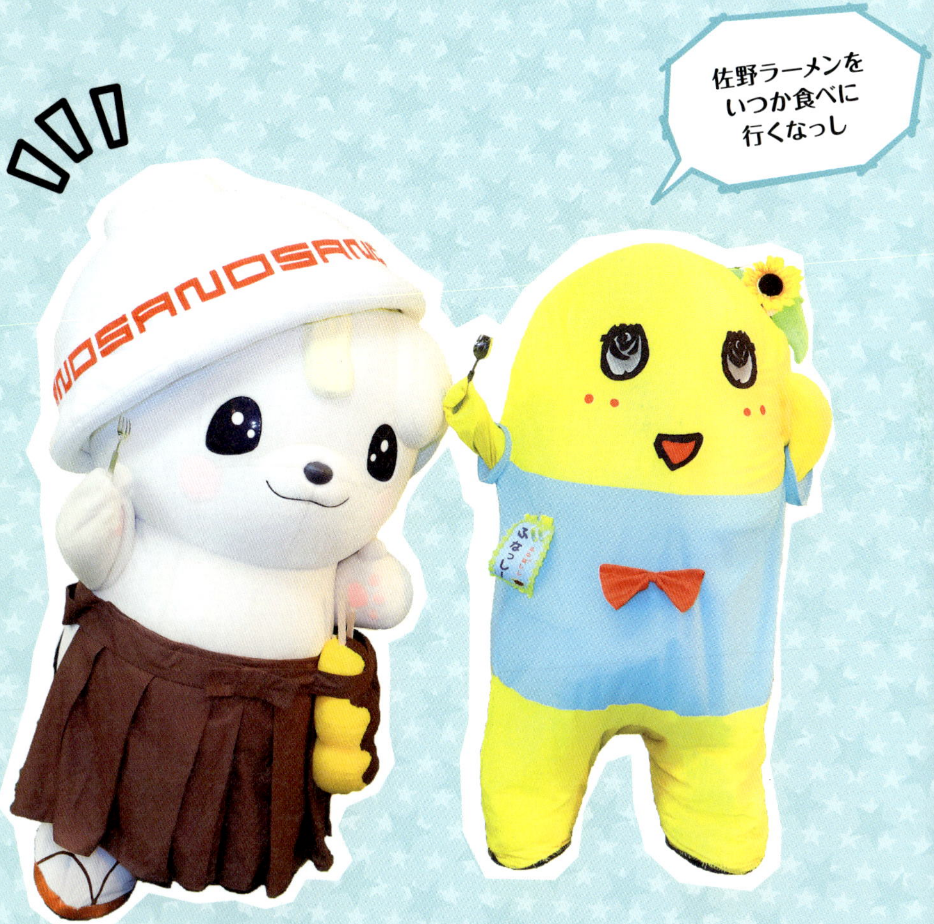
佐野ラーメンを
いつか食べに
行くなっし

ふなっしー × 埼玉県鳩山町のイメージキャラクター はーとん

はーとんの
決めポーズで
悩殺ヒャッハー！

Funassyi & Friends

ふなっしー × 日本豆乳協会の公認キャラクター ちょうせい豆乳くん

♪ Let's Dancing ♪

WE LOVE
豆乳なっしー！

♪♫～

ふなっしー × 埼玉県深谷市のイメージキャラクター ふっかちゃん

ふっかちゃんの
角は「深谷ねぎ」
なっしな

Funassyi & Friends

ふなっしー × ふなっしーが大好き!! ふなっしー少年

Funassyi & Friends

みんなの
エールを励みに
がんばれるなっし

みんなの笑顔のために
がんばれ！ふなっしー
それゆけ！ふなっしー

それゆけ！ふなっしー

2014年2月7日　第1刷発行

著者　ふなっしー

発行人　蓮見清一

発行所　株式会社 宝島社
〒102-8388
東京都千代田区一番町25番地
営業　03-3234-4621
編集　03-3239-2508
http://tkj.jp
振替　00170-1-170829（株）宝島社

印刷・製本　図書印刷株式会社

ISBN 978-4-8002-2244-2

※本書掲載の情報は、2014年1月現在の編集部調べによるものです。本書内掲載商品の価格は税抜きで表示してあります。本書発売後、仕様や価格などが変更になる場合があります。あらかじめご了承ください。また、品切れ・欠品の際はご容赦ください。

STAFF
[illegible]